HSU「幸福論」シリーズ④

アランの語る幸福論

Alain Speaks on Happiness Theory

大川隆法

Ryuho Okawa

まえがき

幸福の科学大学の設立を構想するにあたって、産みの親である宗教法人で、研究すべき対象となるべき歴史上の人物に関して、事前に、宗教的アプローチによって幸福論のアウトラインを調査しておいた。内部的には公開し、出版もしていたが、文部科学省の公務員や、大学審議会のメンバーには簡単に入手できないため、「幸福論」の概要を知りたいという要請がなされた。

本来極めて重要な文献であって、対外的に一般公開すべき筋合いのものではないが、今回、ソクラテス、キリスト、ヒルティ、アラン、北条政子、孔子、ムハンマド、パウロの幸福論の八巻に分けて、一般書として公開する次第である。

これらは宗教側からのアプローチであるので、各種「幸福論」研究の手がかりとして大学側に提示し、更なる具体的な研究の出発点にするための本である。しかし、分かりやすい幸福論研究の実例としては、参考にするには十分であろう。

二〇一四年　八月十日

幸福《こうふく》の科学《かがく》グループ創始者兼総裁《そうししゃけんそうさい》

幸福《こうふく》の科学大学創立者《かがくだいがくそうりつしゃ》　大川隆法《おおかわりゅうほう》

アランの語る幸福論　目次

アランの語る幸福論

二〇一二年三月十四日　アランの霊示《れいじ》
東京都・幸福の科学総合本部にて

「霊言現象《れいげんげんしょう》」とは、あの世の霊存在の言葉を語り下ろす現象のことをいう。これは高度な悟《さと》りを開いた者に特有のものであり、「霊媒現象《れいばいげんしょう》」（トランス状態になって意識を失い、霊が一方的にしゃべる現象）とは異なる。外国人霊の霊言の場合には、霊言現象を行う者の言語中枢《ちゅうすう》から、必要な言葉を選び出し、日本語で語ることも可能である。

なお、「霊言」は、あくまでも霊人の意見であり、幸福の科学グループとしての見解と矛盾《むじゅん》する内容を含《ふく》む場合がある点、付記しておきたい。

アランの語る幸福論

二〇一二年三月十四日　アランの霊示《れいじ》
東京都・幸福の科学総合本部にて

アラン（本名 エミール＝オーギュスト・シャルティエ）（一八六八～一九五一）

フランスの哲学者《てつがくしゃ》。高等師範《しはん》学校に入学し、哲学を専攻《せんこう》。卒業後は哲学教師となった。「アラン」というペンネームを使い、カール・ヒルティ、バートランド・ラッセルと並び、「世界三大幸福論」の一つを著《あらわ》したことで有名。アランの『幸福論』は、九十三篇《へん》のプロポ（哲学断章）によって成り立っている。また、第一次世界大戦のときには、自ら志願して従軍《じゅうぐん》し、前線で戦った経験を持つ。

［質問者二名は、それぞれA（男性）・B（女性）と表記］

1　哲学《てつがく》者・アランに「幸福論のあり方」を訊《き》く

やや哲学《てつがく》的あるいは理数系的なマインドを感じるアランの『幸福論』

大川隆法　今、幸福の科学大学の開学に向け、「幸福論」について、いろいろな角度から探究しているところです。「今まで出ていない考え方等があれば、できるだけ集めておきたい」と考え、霊言《れいげん》を行っています。

一般《いっぱん》に、「幸福論」という名で有名なものには三つあり、その一つは、先日話をした、カール・ヒルティの『幸福論』ですが（注。二〇一二年三月七日、

「ヒルティの語る幸福論」を収録した)、今日話す、二十世紀前半のフランスの哲学者《てつがくしゃ》・アランの『幸福論』も有名です。

また、三つ目が、同じく哲学者である、バートランド・ラッセルの『幸福論』で、この三つが、近年の『幸福論』としては有名なものになります。

そのなかでは、もちろん、ヒルティのものが「キリスト教的」な色彩《しきさい》を持っており、いちばん「宗教的」です。

一方、アランやバートランド・ラッセルのものになると、やや「哲学的」な、あるいは、「理数系的」なマインドも入っているように感じられますので、ヒルティのものと、多少ニュアンスの違《ちが》いというか、〝落差〟を感じざるをえないところはあります。

デカルトの『情念論《じょうねんろん》』の影響《えいきょう》を受けていたアラン

大川隆法　ただ、フランスの哲学者としては、「幸福論」を説いたアランは、かなり有名なほうです。

（机上《きじょう》の本を取って）私が持ってきた本だけでも、岩波《いわなみ》文庫のアランの『幸福論』、集英社《しゅうえいしゃ》文庫のアランの『幸福論』、それから、白水社《はくすいしゃ》のアランの『幸福論』（『アラン著作集〈2〉幸福論』）があります。

（白水社の『アラン著作集〈2〉幸福論』を手に取って）これは、おそらく、今、新しく出ていると思いますが、ほかにもあるかもしれません。過去にも著作集が出ていたはずです。

また、『アラン「幸福論」の読み方』（プレジデント社）というものも出ています。これは、九〇年代（一九九四年）に出た本ですが、このなかに面白《おもしろ》い部分があるのです。

アランは、デカルトの『情念論《じょうねんろん》』に非常に強い影響《えいきょう》を受けているのですが、この本（『アラン「幸福論」の読み方』）の百八十七ページには、「私の考えでは、アランは『幸福の科学』とでもいうべきデカルトの『情念論』を私たちの言葉に翻訳《ほんやく》した。これを、より敷衍《ふえん》し、発展させ、『幸福のプロポ（哲学断章）』として読者のテーブルに供《きょう》したのだ。」と書いてあるので（笑）（会場笑）、思わず笑ってしまいました。

この本は、幸福の科学ができたあとに発刊されていますが、当会のことを知っていて書いたのかどうかについては分かりません。

デカルトは、「霊肉二元論《れいにく》」を説いたことになっていますが、デカルトに言わせると、情念とは、「脳から神経に伝わってくる経路の途中《とちゅう》、その回路のなかに、一つの磁場《じば》のようなもの、モワモワッとした『気の渦巻《うずま》き』のようなものができる。それが情念だ」ということであり、「その情念なるものが、人間を突《つ》き動かしていて、幸・不幸を起こしたりするので、要は、この情念を、どのようにコントロールするかが大事なのだ」と説いています。

それをつかまえて、「幸福の科学である」と解説者である加藤邦宏《かとうくにひろ》さんは言っているのですが（笑）、少し面白いので、ご紹介《しょうかい》しました。

「科学的・分析《ぶんせき》的な哲学《てつがく》の態度」を説いたアラン

大川隆法　私は、デカルトの影響を受けたフランスの哲学者《てつがくしゃ》アランの『幸福論』もよく読んでいるため、その影響を受けており、知らず知らず引用していることも多いのですが、彼は、ヒルティなどとは違って、あまり心や信仰《しんこう》に重きを置いていません。

ただ、「人は、意外な盲点《もうてん》や小さなことを見過ごしており、それが原因で、幸福・不幸の感覚が分かれてきているということに気がついていない」ということ等について言及《げんきゅう》しています。

それは、科学的な態度、あるいは、分析《ぶんせき》的な哲学の態度かと思いますし、ある意味で、医者などは、よくこういう態度を取るのです。

要するに、患者《かんじゃ》が、「調子が悪い」と言えば、医者は、いろいろ検査をしてみて、何か異常値がないかどうかを探します。そして、標準から外れているものを見つけると、「それが原因ではないか」と思って、さらに検査をしたり、薬を出したりします。それが医者の仕事ですが、アランにも、そういうところがあったのです。

彼は、高校の先生を長くやっていたのですけれども、高校の先生をしながら、本を書いており、哲学者として著作集も出ている方ではあります。

ちなみに、アランはずっと独身だったのですが、なぜか七十九歳《さい》で結婚《けっこん》し、八十三歳で帰天《きてん》されました。七十九歳まで独身だったならば、そのままでもよいような気もするのですが（笑）、なぜか、結婚して、八十三歳で亡《な》くなっています。〝葬式《そうしき》用〟に結婚したのでしょうか。そのあたりの事情については、私には分かりかねますが、哲学者の倣《なら》いによって、独身でいたのではないかとは思います。

また、先ほど述べましたが、ヒルティ、アラン、それから、ラッセルとも、『幸福論』を出版した年代が、五十七、八歳ぐらいです。このあたりの年代に集中しているので、そのくらいの年になると、「幸福論」が書けるのかもしれません。

今の私は、彼らと同じぐらいの年齢《ねんれい》になるのですが、みな、五十代の最後ぐらいに書いています。ヒルティが五十八歳、アランが五十七歳、ラッセルが五十八歳であり、だいたい、五十代の後半ぐらいに出版したものです。結局、人生について語れる年齢が、そのあたりなのかもしれません。

これまで述べてきたように、アランは、この世的には、そこそこ有名な方ではありますが、「霊的に見て、どういう方であるか」について知りたいと思います。ただ、昨日《きのう》、本人と少し話をしてみたのですが、迷っているような方ではなさそうです。

「名馬ブケファラス」と「泣きやまない赤ちゃん」の譬《たと》えが示すもの

大川隆法　先ほど、「アランの『幸福論』は、宗教的、信仰的ではない」という話をしましたが、例えば、アランの『幸福論』のなかには、有名な譬《たと》えとして、「アレクサンドロス大王に献上《けんじょう》された名馬」の話があります。これについては、昔、私も講演で述べたことがあるかもしれません（『悟《さと》りの原理』〔幸福の科学出版刊〕参照）。

「ブケファラスという名馬をもらったが、暴《あば》れて誰《だれ》も御《ぎょ》せないと困っていたところ、アレクサンドロスは、いち早く、『その馬は、白い砂を敷《し》いている馬場に影《かげ》が映るので、それを見て恐怖《きょうふ》して暴れているのだ』と見抜《みぬ》き、その手綱《たづな》を持って、馬の首を太陽のほうに向けた。すると、馬は暴れなくなって、御することができた」という話が、『幸福論』の筆頭に出てくるのです。

そのように、「馬が、実は影に怯《おび》えていることを知らないで、人は、『この馬は、暴れ馬だから駄目《だめ》だ』『名馬と言っても、とんでもないものだった』と判断しやすいけれども、実は、そうではない。原因は、ほかにあることがあるのだ」という話を挙げています。

また、これも、昔、講演会で話したことがあると思いますが、次のような話もありました（前掲《ぜんけい》『悟りの原理』参照）。

今はどうか分かりませんが、当時、フランスの上流家庭では、乳母《うば》を雇《やと》うところが多かったので、乳母に赤ちゃんの子守《こもり》をさせていると、「泣きやまない赤ちゃんに対して、乳母は決まって、いつものように、『まあ、お父さんそっくりなのね。お父さんも、子供のときはよく泣いてしかたがない子だったので、遺伝したのね』と言う癖《くせ》がある」という話です。そういうことを言う以上は、どうせ、言われたことがあるのでしょう。

しかし、実際の原因は、そうではなく、赤ちゃんの服に留《と》めてある安全ピンだったのです。

「赤ちゃんは、先が尖《とが》って出ているわけではないけれども、どこかに付いている安全ピンが体に当たって痛いので泣いているのに、それを言語に表せない。

それに気がつかない乳母は、それを遺伝のせいだと思って、『親にそっくりだ』と言ったりすることがある」と、アランは述べています。

原因を全部、この世的なところに求めてはいますけれども、これらは、非常に有名な譬えです。

ただ、精神的なものが全然ないわけではなく、「人間は、幸福になろうと思えばなれる。豊かになろうと思えばなれる」とも書いており、私が述べているようなことも言っています。

さらに、私は、「人間には幸福になる義務がある」と言っていたのですが、これは、アランの『幸福論』のなかに書いてあったのです。

私がよく言っているので、これを私のオリジナルだと思っている人もいるし、私もそう思っていた面があったのですが、アランの『幸福論』のなかにも出ていました。

若いころから繰《く》り返し読んでいるものであるため、いつの間にか覚《おぼ》えてしまっていて、自分の思想に入ってしまっていることもあるのです。

いずれにせよ、「アランは、非常に鋭《するど》い観察眼を持って、人生の幸福を見るものだ」と思います。

過去に私が経験した「アラン的な発見」

大川隆法　このような経験はなきにしもあらずで、全部を、精神論や心の問題だけにしてはいけません。この世的な原因があって、幸・不幸や、人の好き嫌《きら》いなど、いろいろなものが現れることもあるので、いちおう、「この世的な原因がないかどうか。肉体的な原因がないかどうか。健康異常の問題が、精神に影響していないかどうか」ということを確かめるのも、現代的な論点の一つかと思います。

これについて、私の経験を挙げてみましょう。

私は、その昔、新婚時代のころに、毎週一回、水泳に行っていました。当時は、吉祥寺《きちじょうじ》のプールで水泳をし、そのあと、よく夫婦《ふうふ》で中華《ちゅうか》料理を食べていたのですが、水泳に行った翌日に、なぜか、伴侶《はんりょ》だった人の機嫌《きげん》が悪くなり、彼女は、よく怒鳴《どな》っていたのです。

それが何度も続いたため、法則性を感じ、「これは、何か原因があるのではないか」と考えて、あるとき、「水泳に行ったあと、中華料理を食べているけれども、もしかして、中華料理の食べすぎで、翌日、便秘《べんぴ》を起こしているのではないか」と思い当たりました。そこで軽く追及してみたのですが、ずばりそのとおりであり、それが彼女の不機嫌の理由だったのです。

これは、まさしく「アラン的な発見」であって、彼女は、その後、水泳の翌日に不機嫌になることが、ピタッとなくなりました。「原因が分かったら止まる」ということが起きたのです。

人間には、そういうところがあって、知らず知らず、感情のほうが、物質的なものなど、何かの原因で動かされているときもあります。

この本（『幸福論』）のなかには、昔の哲学者であるエピクテトスについての話もあり、この人も、感情のコントロールにおいて、やや唯物論《ゆいぶつろん》的な考え方を説いていますが、意外に、そういうところもあるかもしれません。この世的なものも、いちおう、分析の対象として考えねばならないわけです。

要するに、これは、「遺伝のせいや心のせい、あるいは、霊的なもののせいだけではない面もあることを忘れてはいけない。両面からチェックするのが現代的だ」という観点です。こうしたことも、忘れてはいけない点かもしれません。

「ヒルティとアランを足《た》した動き」をしている幸福の科学

大川隆法　当会は宗教であるけれども、ある程度、合理性を持っており、「この世的な原因がないかどうか」を、いろいろと追究してはいます。

今で言えば、「天照大神《あまてらすおおみかみ》様のお怒《いか》りによって、天変地異が起きるかもしれないから、もっと信仰心を持たなければいけない」というような発信をしているかと思ったら、日本銀行に対して、「もう少し通貨の供給をしなさい」とついたりもしていますが、そのあたりを見ると、実は、「ヒルティとアランを足したような動き」をしているわけです。

「信仰心だけの問題だ」とすれば、それはそれで済むのですが、かたや、「通貨の供給量が足りずに円高になっているから、供給量を増やしなさい」と言ってみたりしています。これについては、けっこう、この世的な分析です。

当会は両方やりますので、両方の面が出ているのではないかと思います。

ただ、単純に考えれば、そうなのです。

例えば、ご主人の持って帰る給料が多くなれば、奥《おく》さんは喜びますが、少なければ怒《おこ》り、喧嘩《けんか》になります。それについては、「信仰が足りない」とか、「心のコントロールができていない」とかいう言い方もあるけれども、両方の影響がないわけではありません。

心のコントロールがよくできれば、給料が増えようが減ろうが黙《だま》っていることもできる一方で、増えれば喜び、減れば悲しむということだって当然あります。

つまり、どちらも真理としてはありえるわけで、そういう〝両眼《りょうがん》〟を持っていたほうがよいこともあるかもしれません。

さらに、アランの『幸福論』の本文中には、「一週間ごとに陽気になったり、憂鬱《ゆううつ》になったりする、マリーという少女の話（悲しみのマリーとよろこびのマリー）」が出てきますが、これについては、医者が血液を採取して、血球の数を数えてみたら、「血球の数が増えてくるときには陽気になり、減ってくるときには不機嫌になって、憂鬱になる」という結果が出ました。

　これには、ある意味で、女性の生理現象も関係があるのかもしれませんが、要するに、血の量が増えれば陽気になり、減れば血球の密度が落ちていって不機嫌になってくるというわけです。それを発見した例も出ています。

　現代には、そういうところがあるかもしれません。科学的な意味での分析は続いているけれども、精神面と併《あわ》せ、両方から解決しなければいけないと思います。

　これは、幸福の科学の持っている一つの側面かもしれません。つまり、「合理的な面」も持っているわけです。

　例えば、原子力発電所で放射能漏《も》れの事故が起きましたが、日本の仏教会の会長は、「原発反対」と発表したりしています。もちろん、そう言っても構わないのですが、「ところで、その結果、石油やガス等の輸入代金が上がり、発電の料金が上がるため、電力会社が値上げをして、生活が苦しくなります。また、国防上も、輸送リスクが発生して危険になるのです。そういうことはお考えでしょうか」と尋《たず》ねてみても、当然、そんなことは、まったく考えていないでしょう。ただただ、「原子力の影響で、人が危険になる」ということだけを考えているので、ほかのことを訊《き》いてみると、それについて考えている形跡《けいせき》はないわけです。

一方、幸福の科学には、幾《いく》つかの側面からアプローチをかけて、分析しているところがあると思います。そういう意味で、アランやラッセル的な『幸福論』も、一概《いちがい》に否定しているわけではありません。

以上、アランの『幸福論』を読んでおられない方も多いと思うので、大まかなヒントというか、概論について、少しお話ししてみました。

では、アランを呼んでみます。今日は、お二人の質問者で、何か参考になるようなことを引き出してくだされば幸いです。

（合掌《がっしょう》し）フランスの哲学者にして、『幸福論』をお書きになりました、哲学者アランの霊をお呼びしたいと思います。

フランスの哲学者、アランよ。

どうか、幸福の科学総合本部に降りたまいて、われらに、そのご本心を明かしたまえ。われらを指導したまえ。

フランスの哲学者、アランよ。

『幸福論』をお書きになった、アランよ。

どうか、幸福の科学総合本部に降りたまいて、「幸福の科学」を標榜《ひょうぼう》しておりますわれらに対し、「幸福論」のあり方について、ご指導のほどをお願いいいたします。

（約二十秒間の沈黙《ちんもく》）

2　現代的な哲学《てつがく》のあり方を探究した『幸福論』

「実社会との接触《せっしょく》」が刺激《しげき》となり生まれた、実生活に則《そく》した哲学《てつがく》

アラン　アランです。

A――　アラン先生、本日は、幸福の科学総合本部にお出《い》でくださいまして、本当にありがとうございます。

アラン　うーん、うん。

A――　私は、現在、幸福の科学大学を担当しております（収録当時）。本日は、ご生前、アラン先生がお書きになったテーマである、『幸福論』を中心に、お話をお伺《うかが》いできればと思います。

アラン　うん、うん。

A――　まず初めに、アラン先生が、『幸福論』というものをお書きになった経緯《けいい》や、「先生にとって、幸福とは、どういうものなのか」、「人が幸福になるためには、どうしたらよいのか」というところをお聴《き》かせください。よろしくお願い申し上げます。

アラン　まあ、私は、高校の教員としての仕事などをやっておったので、決して職業としての哲学者《てつがく》ではなかったんですけどもね。まあ、ヒルティなんかも、そうでしょう?　彼も、別に職業を持っていた方ですから、断片的に思想を重ねて、『幸福論』をお書きになったと思います。

私も、同じように、教員という仕事を持ちながら、その合間《あいま》合間に考えたことを書き綴《つづ》り、『幸福論』、あるいは、その他のいろいろな本を書きましたので、本業の哲学者としてやってきたわけではないけれども、結果的には哲学者として知られるようになった者ではあります。

そういう意味で、「別の仕事を持っており、実社会との接触《せっしょく》があった」という点が、いい意味での刺激《しげき》となって、いわゆる、ドイツ観念論《かんねんろん》哲学のような、思想性が高すぎて、本当に観念論で終わるような哲学ではない、「実生活に則《そく》した哲学」を説けたというか……。まあ、経験したことを一つひとつ分析《ぶんせき》しながら、編み出していったものではあるんですよね。

また、先ほども、ご紹介《しょうかい》がありましたけれども、私は、デカルトを非常に愛読していた者ですので、デカルト的思考が、そうとう入ってはいるんですけども、デカルトは、「近代哲学の祖」ですよね？

デカルトは、いわゆる、「神学《しんがく》」から、「哲学」と「科学」を分けたような方だと思うんです。

つまり、デカルトは、信仰心《しんこうしん》を持っていたんだけれども、科学的な分析などについて、発展の余地をつくりました。さらに、もう一つは、哲学的な思弁性《しべんせい》とを分けていったと思います。

これには、功罪《こうざい》両面あると思いますが、「霊肉《れいにく》を分けて、それぞれに研究しよう」という態度が、ここでできて、私も、この考え方を取り入れてやっていたわけです。

もともと、ソクラテスとか、プラトンとかも、そういうふうに、「霊魂《れいこん》」と「肉体」とを分けて考えていたんだけども、彼らは、霊的な能力を持っていたため、そういうことができたんです。しかし、だんだん、哲学からは霊魂的なものが失われていき、この世だけの話になってきていました。

そこで、「それぞれに道を分けつつ研究しよう」と試みてきているんじゃないかと思うんですね。

私は、そういう意味で、その橋渡《はしわた》し的なところにいるのかもしれません。まあ、両方でしょう。「科学的なものを受け入れる余地のある哲学であると同時に、ある意味で、神秘主義や心の力のほうにも研究の余地を残した哲学をつくってみたい」という考えを持っていました。

「現代的幸福論」を説くのに必要な科学的態度

アラン「幸福」とは、実は両面からできていて、人は、体調がよければ機嫌《きげん》がよく、幸福になれますが、病人は、どうしても不幸を語ることが多いものです。

例えば、栄養が足りないために病気になっているのであれば、まず、栄養を取り入れることも大事でしょう。

もちろん、強い精神の持ち主であれば、断食《だんじき》していても、心が平静である方が、なかにはいらっしゃるかもしれませんけれども、それは、万人《ばんにん》に通じる哲学とは思えませんね。

私は、その意味で、現代的なかたちでの哲学のあり方を探究した結果、「一つの考え方の括《くく》りとして、『幸福論』というテーマで出してみることがよいのではないか」と考えたのです。

その幸福の原因は、要するに、自分の幸福を妨《さまた》げているもの、つまり、〝ピンの発見〟ですね。

「私は、何をもって不機嫌になっているのか」「何をもって、不幸感覚が強くなっているのか」「何をもって、怒《いか》っているのか」ということを、そのまま放置するのではなく、自己分析していく態度を身につけることが、やはり、哲学ではないかと思ったわけです。

「人間は、自分で幸福になることができる。原因を分析し、それに対処していこうとする態度を身につけることによって、その決意にふさわしい分だけ幸福になることができるのだ」ということですね。それを、「『思えば幸福になる』ということだ」って、簡単に言うことも可能ですけど。

ただ、あまり情緒的《じょうちょ》なほうに持っていきすぎると、肝心《かんじん》なものを見失うことがございますのでね。

例えば、脚気《かっけ》という病気が流行《はや》ったとき、最初は、「ビタミン不足が原因だ」と分からないでやっておりましたが、脚気がビタミン不足で起きるのであれば、ビタミンを供給することで解決されますよね。ところが、「精神力の不足だ」と言って、一生懸命《いっしょうけんめい》、軍隊等で叱《しか》っているようなことだってあったわけです。

これについては、日本で、そうだったと聞いております。「海軍の方《かた》はあまり脚気にならず、陸軍の方は脚気になった」と聞いていますけれども、それは海軍の方が、洋食を食べておられたからです。洋食には、サラダが付いているし、パンにはビタミンが含《ふく》まれている。

一方、陸軍の方は、農村出身の方も多かったとのことで、白米を食べておられた。玄米《げんまい》ならビタミンがあるけれども、白米になると、ビタミンの部分がそうとう落ちているので、ビタミン不足になってしまい、戦争をしたり、行軍をしたりしているうちに、脚気になって、足が動かなくなる。

実際は、「戦争の死者よりも、脚気による死者のほうが多かった」とも言われておりますけれども、これなんかは、歩けなくなったことについて、上官が、「精神が弛《たる》んどるからだ！」と怒《おこ》るだけで解決する問題ではありません。

海軍では病気があまり発生せず、陸軍で多く発生したならば、それには必ず原因があるはずですよね。だから、そのへんを勉強しなければいけなかったと思うんです。要するに、脚気が出なかったのは、サラダや、パン食が原因であったわけですよね。

こういう、科学的態度も入れなければ、「現代的な幸福論」は説けないのではないかなあという感じを、私は持っています。

アランが幸福の科学に親近感を感じる理由

アラン　だから、幸福の科学が、宗教であるにもかかわらず、「科学」という言葉を付けたことについて、私は、非常に親近感を感じますね。現代的な学問の、最先端《さいせんたん》の考え方も取り入れようとしているんだと思います。

先ほど、「信仰心不足で、天変地異が起きる」という話をなさってましたけれども、幸福の科学には、宗教がやるべき一面として、そういうことを言いつつも、片面では、「お金が足りないと事業は起こせない」と、ちゃんと言うところがあるわけです。

それは、先ほどの、「ビタミン不足なら脚気になる。これには、精神力不足だけではない面もある」っていうようなところですね（笑）。

これは、非常に現代的な宗教だと思うし、実は、二十世紀の初めから、私たちが追究してきた哲学の延長上にもあるものだと考えております。

つまり、「幸福」というものを、「単なる情緒的なものだ」とだけ思わないで、複雑な現代社会のなかにおけるストレスや、悩《なや》みの原因に当たるものを分析していく態度を、経営者や上司に当たる人はもちろん、同僚《どうりょう》や、チームを組んでる者たちも取るべきであろうし、それと同時に、心の面、メンタルな面についてのケアも進めていかねばならんところがあるわけです。

あるいは、震災《しんさい》に関して言えば、「堤防《ていぼう》の高さが二十メートルあれば、津波《つなみ》は乗り越《こ》えることができなかったのに、十五メートル以下だったから乗り越えられてしまった」みたいなこともありますよね。

だから、もし、神の怒りとして天変地異が起きたとしても、しかるべき対応をすれば、被害《ひがい》が起きないこともありえる。しかし、「そこまで要《い》らないだろう」と思って予算を削《けず》ったら、大勢の人命《じんめい》が失われることになる。

そして、「大勢の人命を助けるための人命代金」対「堤防の高さを積み上げるための予算」の戦いで、「人命代金のほうが負けた場合は、人命は失われ、予算のほうが安いと見た場合は、人命が救われる」っていうようなことだってあるわけですよねえ。

やはり、現代人としては、「神秘性」と「合理性」の両方を持ってなきゃいけないと思うんです。

幸福の科学は、今、ほかの宗教から見ても、つまり宗教界から見ても〝異端〟であり、実業界から見ても、神秘主義を説くので〝異端〟だから、どちらでもない、変わったところにいる。

コウモリのような立場で、〝四つ足の動物〟でもなく、〝鳥〟でもない。コウモリのような位置にいるところが、幸福の科学が理解されない理由でしょう。でも、やはり、これが必要なんだと私は思いますね。

理解できないのは、片面しか見てないからだと思います。

A――　ありがとうございます。

漠然《ばくぜん》とした不安を解決していく「認識の力」

A――　以前、大川総裁が、アラン先生の『幸福論』を引用され、「認識力の大切さ」について説かれたことがありますが、先ほどのお話も、心の問題ではなく、「自己分析の範囲《はんい》を、認識力によって、より広く見ていく」ということだと思います。

アラン　うんうん。

A――　この「認識力」を高めていくための方法について、アドバイスいただけることがありましたら、お願い申し上げます。

アラン　基本的に、人間は、「漠然《ばくぜん》とした不安」を感じやすいものなんですよ。「恐怖《きょうふ》の正体」っていうのが、自分で客観的に描写《びょうしゃ》できないことって多いんですよね。何となく不安なんですよ。

先ほど、アレクサンドロス大王に献上《けんじょう》された名馬の話が出ました。それは、私の著書のなかでは、あまりにも有名な譬えなんですけれども、「その名馬が影《かげ》に怯《おび》えていることを、ほとんどの人が気がつかないなか、アレクサンドロスは、それに気がついた」という話です。彼は、そういう目を持っていた人ですね。

それはそうでしょう。太陽光線が当たって、前足を上げて立ち上がった自分の影が映ったら、大きく見えますので、「あれは何だ？」と思いますよ。

これは、現代でも、自分の姿を見たことがない犬が、鏡に映ったそれを見て、「ほかの犬がいる」と思って吠《ほ》え始めるのと同じことで、認識力が足りないために起きるのです。

そのように、「不安の正体」について、例えば、「それは影なんだ」と実体を知れば、もう恐怖の対象ではなくなるんですけどね。あるいは、手綱《たづな》を取って、馬の首を太陽のほうに向けることで、影を見えなくすれば、もう怯えなくなるわけです。

簡単なことですけど、不安の正体を知らないかぎり、妄想《もうそう》が膨《ふく》らんで、どんどん恐怖が増えていくことになりますねえ。

われわれは、不安を抱《いだ》きやすい生き物ですけれども、それを、ただただ膨らませていくだけではなくて、もう少しそれを分析し、解決していこうとする主体的な努力が必要です。その努力のことを「認識」、あるいは、「認識力」と言うべきだと思うんですよ。

ですから、あなた（A）が、幸福の科学大学の学長になろうとすると、漠然とした不安が湧《わ》いてくるでしょう？　これが、日々募《つの》ると、だんだん、だんだん大きくなってきて、いろいろなものが、のしかかってくるようになる。

これを解決するには、どうしたらいいのか。ここが、認識力の問題ですね。

「なぜ、私は、不安になるのであろうか」と考えると、やはり、それは、「大学として教える科目や授業の内容について、満足なものが、はたしてできるだろうか」、「建物を建てて、人を雇《やと》い、給料を払《はら》うので、事業として巨額《きょがく》のお金が動いていくが、集めた生徒の授業料などで、はたして回っていくのだろうか」っていう不安があるからですし、外からのいろいろな批判とか反対とか、そんなものもあるからでしょう。そのように、いろいろ不安がある。

こういうものを、ただただ受け止めていると、だんだん膨らんできて、恐怖に押《お》し潰《つぶ》されていくことになるわけですから、その不安を分断しながら、客観的に、「問題は何なのか」を書き出していって、「これを片付けていけるかどうか」を考えていくべきですよね。

具体的に問題の所在を分析《ぶんせき》し、対処法を築く

アラン　その（解決の）方法の一つは何かというと、例えば、人間幸福学部と

いうものをつくるとすれば、当然、「幸福論」が必要になってくるので、「今日、アランの『幸福論』を説くことによって、その不安のなかの一つが消え、この前、ヒルティの『幸福論』を録《と》ったので、これで、もう一つ消えて……」というように、まあ、一つずつだけど消えてるわけですね。

「ちゃんと人間幸福学部で教えられる先生がいるだろうか」っていうような漠然とした不安と、内容に対する不安、つまり、「学長である自分が内容をつくれるだろうか」と不安に押し潰されそうなのが、具体的に内容が出来上がってくると、不安の部分が、だんだん縮《ちぢ》まっていきますよね。

さらに、教える内容が決まってくると、今度は、「こういうことをやる予定です」とPRすることになりますが、内容に魅力《みりょく》があるのであれば、「生徒は集まるだろうか」っていう不安が、また消えてくるわけです。

そういう不安が募ってくると、「場所が千葉《ちば》県では、生徒が来ないのではないか」とか、「通学に時間がかかるのではないか」とか、いろいろ心配になるようなところが、内容的に生徒を寄せられるのであれば、その不安がなくなってくる。

さらに言えば、もう一つは、お金の面での不安もあるだろうから、お金の面の不安を消していく作業のできる方が助けてくださると、もっとありがたいですよねえ。

「具体的に、このくらいあると回っていきます。このくらいの目標であれば、やっていけます」と分析《ぶんせき》し、責任を持ってやってくれる方が、片腕《かたうで》として出てくれば、あなたの不安は、さらに縮まってくる。

そして、最後の心配は、「新学期の入学式での学長挨拶《あいさつ》の不安」だけになってくるところまで縮まってくるんですね。「新学期に、学長として、いい挨拶ができるだろうか」ぐらいまで不安が縮まってくれば成功ということになります。

このように、基本的に「認識力」とは、「問題の所在を分析していくことによって、一つひとつ対処法を築いていくこと」だと思います。

また、もう対処できないものに関しては、宗教的に言えば、信仰心のほうにお任せする方法も、一つではあります。

逆に、そちらに行かないのであれば、その問題に、現実に遭遇《そうぐう》したとき、具体的に智慧《ちえ》を絞《しぼ》って戦う勇気を持つことで解決することもできますよね。そういうことだと思うんですよ。

分析《ぶんせき》の結果、見えてくる「やるべきこと」と「受け入れること」

アラン　これについては、たぶん、政党（幸福実現党）についても同じようなことが言えると思うんですよね。何もしなければ、当選者は出ません。ただ、その事実だけが厳然として、そそり立っている。「この向こうに行かせない壁《かべ》を崩《くず》すために、何をするか」ですよね。ここで認識論が必要になってくるわけです。

「もっと多くの人に支持をしてもらうためには、いったい何をなすべきであるか」を考えると、やっぱり、それは、票が入らない理由なり、票を入れた人の理由なりを分析《ぶんせき》していくことで、「なぜ、ほかのところには入って、なぜ、こちらには入らないのか」を分析していくことです。

そのように、「やるべきことは何なのか。やってはいけないことは何なのか」を認識していくことで、「やるべきこと」が、はっきりしてくるはずですね。

あるいは、「今まで自分たちは何をしてきたのか」について、一般《いっぱん》の人が分からないのであれば、それが分かるように、今までの実績を上手にＰＲしていくことだって大事でしょう。

常に、「結果としての幸福」、あるいは、「成功していくためのプロセスとしての幸福」を受け取るためには、認識論が非常に大事だと言えると思うんですね。

だから、漠然とした不安や恐怖におののく前に、具体的な〝作業《さぎょう》〟のレベルに分解して考えていくことが極《きわ》めて大事で、たいてい、普通《ふつう》の人間は、ヘラクレスが地球を支えるほどの重荷《おもに》を背負ってはいないんだということです。地球を支えるようなことは大変なことですけど、普通の人は、それほどの重荷を持ってはいません。普通の人が持っている重荷というのは、「家族への責任」と、あるいは、「会社で任された部門の責任」ぐらいまでしかないので、これは、十分に分析し、対処していくことによって、乗り越えていけることなんですよね。

さらに、もう一つには、「自分で変えられるものは変え、変えることができない運命については、それに従え」という態度もありますわね。これを受け止め、受け入れるわけです。

例えば、寿命《じゅみょう》を延ばそうとしたって、百歳《さい》から先へ延ばすのは、なかなか大変であるように、変えられない運命もあるかもしれない。これについては、甘《かん》受《じゅ》するだけの勇気と忍耐力《にんたいりょく》が必要でしょうね。

A――　ありがとうございます。非常に具体的に説いてくださいまして、「認識力の何たるか」が分かりました。

「一攫千金《いっかくせんきん》的な幸福論」を目指さないほうがよい理由

A――　先ほどのお話とも少し関連するのですが、アラン先生の『幸福論』等を拝見していますと、一つの楽天主義といいますか、まあ、先ほども、「変えられないものは変えられないと受け入れて、変えられるものに集中せよ」とのお話がありました。

あるいは、そこから出てくるのだと思いますけれども、非常に積極的な心の持ち方や、意志の大切さについて説かれているような気がいたします。

そのあたりについて、お教えいただければ幸いです。

アラン　その認識が正しいかどうかには、〝微妙《びみょう》〟なところがございますがね。言葉だけで言っている面もありますので（笑）。

例えば、私は、「お金持ちになろうと思えばなれる」みたいなことを言っていますが、実際に、自分がお金持ちになったわけじゃありません。

私が亡《な》くなったときには、「蔵書とピアノ一台しかなかった」と書かれていますように、人には、「豊かになろうと思えばなれますよ」と言いつつ、自分が実践《じっせん》してみせたわけではありませんので、言葉で止まっている面も、なきにしもあらずなのです。まあ、全部が全部、そうと言えないとは思いますけどね。ただ、不幸の原因としては、自分の客観的な能力や実力、過去の努力等を十分に分析し、それを受け入れることができないで、欲望の部分が過大になっている場合、自動的に不幸になっていく領域が増えてきます。

もう少し慎《つつ》ましいところから出発すれば、失敗は少ないし、幸福感も大きくなっていくことがありますので、あまり、「一攫千金《いっかくせんきん》的な幸福論」を目指すぎないことが大事です。

そのへんは、私たちのように、まあ、私とか、ほかの人とかもそうですが、別の職業を持ちながら哲学者をやったような人は、「実社会のなかでの一部にしかすぎない」と思っていますから、「自分の哲学で世界が動かせる」とまでは思っていない。そういう人たちは、よく分かっているわけですね。

ですから、もし、過大な期待や妄想、誇大《こだい》な夢によって、自分が苦しんでいるとか、恐怖しているとか、そういうようなことがあるんでしたら、そちらのほうも、同時に調整なされるといいと思います。

幸福の科学大学設立に向けてのアドバイス

アラン　楽観論といっても、もし、そういう過大な欲望や期待が先に立っていたら、楽観論を持ちようがないですよね。

例えば、（Aを指差しながら）「大学を建てて、三年以内にハーバード大学以上の、世界的に有名な大学にしなさい」なんて言われたら、それは、過大な期待であって、失敗する可能性が、九十九パーセント以上でありましょう。

「いずれ、時間をかけて、そういうふうになることを望みたい」と言うことは構わないと思うんですけども、まあ、そのへんは客観的な確率からして、どの程度かかりそうなものか、あるいは、「いかないこともありえる」ということも知ってなきゃいけない。

ハーバードっていう、もう何百年もの歴史を持っている大学でございまして（笑）、アメリカ最古の大学の一つですよね。それと、今、これからつくろうとする大学が、すぐに、同時に、同じレベル、同じクラスになることはありえません。少なくとも、伝統や文化、歴史はつくれないところですのでね。

そういう気概《きがい》を持ち、少しずつ力をつけていくならばいいと思うけれども、「現実として、それが、すぐに現れなきゃいけない」と思うと、それは不幸をつくることになるでしょう。

だから、「ハーバードを目指す」、あるいは、「ハーバードを超《こ》える」という目標は結構ですけど、「それは、具体的に、どういうことを意味するのか」も考えて、分析をしてみなければいけませんね。

そして、「この面については、確かに、そういうことは言えるけど、この面については、そこまでは言えないかな」と……、まあ、そういうようなことです。

もし、「ハーバードを超える」という意味が、「日本で偏差値《へんさち》のいちばん高い大学をつくること」であるならば、これは、宗教団体においては、信者のみなさんや信者子弟《してい》に、そうとうな負担をかけることを意味しますわねえ。

日本一偏差値の高い大学をつくるために、お金を出していただいて、そして、「みなさんがたのご子弟は、残念ながら入《はい》れません」ということもありえるわけです。

要するに、あなたがた（幸福の科学大学）の目標とは別に、宗教団体としての幸福も存在するわけで、「お金を出しましたが、息子《むすこ》は入れませんでした」なんてことが、やたらと増えてくることもあるわけですよね。

そういう意味であれば、成功しないこともありえると思う。

一方、「幸福の科学大学に入ることによって、入ってから卒業までの間に、人間的に成長し、学問的にも、社会に出て、非常に役に立つものを身につけることができる。また、親子関係や、その他、社会人に対する礼儀《れいぎ》作法等もキチッとしつけてくれて、『やはり、素晴《すば》らしい学校だ』と言われるようになってくる。そして、だんだん、だんだん充実《じゅうじつ》してくる」というようなところに幸福感を見いだしていけば、成功は可能でありましょうね。

そのへんのところを間違《まちが》わないようにしたほうがいいし、まあ、「東京大学が、日本でいちばん難しい」と言われていても、東京大学では、ずばり信仰心を教えることはできないし、霊界《れいかい》や霊のこと、天使たちの話を、授業中に、ずばり教えることだって、そう簡単なことではありませんからね。

「そういうことが教えられることのほうが、素晴らしいんだ」という価値観を持てば、「（幸福の科学大学は）東京大学以上の大学なんだ」と、自分たちで自負することはできるわけです。

なぜなら、そちらが真理だからです。

「神様がいて、天使たちがいて、あなたがたの守護霊《しゅごれい》や指導霊《しどうれい》がいて、あなたがたも、この世を転生輪廻《てんしょうりんね》している存在なんだ」ということが真理であって、ソクラテス以下、哲学者たちが本当に言いたかったことは、そういうことだし、宗教者たちが言いたかったことも、そういうことなのです。

だけども、そうした真理が、現在の学問から失われていって、大学教育からは消え去っている。そういう意味で、本当の真理を教えるのは、幸福の科学大学であるのだから、その意味で、「地球上のどの大学よりも、偉大《いだい》な大学である」と定義するならば、あなたがたは、戦う前に、すでに勝っているのです。

そのへんは、「同じ土俵で競争するかどうか」というところですが、認識論に間違いがあれば、お互《たが》い不幸なことが起きるわけですよね。

そのへんの誤解はしないようにしないといけないのではないでしょうかねえ。

A――　ありがとうございます。

アラン　ハハハ……。

A――　それでは、質問者を替《か》わらせていただきます。

3　幸福を増すためのアラン的考え方

相手の心を変えるために必要な「ウイットの精神」

B――　本日は、本当にありがとうございます。

アラン先生の『幸福論』のいちばん最初のところに、名馬ブケファラスの話があり、さらに、このなかには、「苛立《いらだ》っている人、怒《おこ》っている人に対しては『なんで怒るんだ』と言わずに、椅子《いす》を出して座《すわ》らせてあげたらよい」というような話もありました。

アラン　そう、そう。

B――　このようなたとえを、若い学生などに話すと、ガツンと頭を殴《なぐ》られたような、一転語《いってんご》的な効果が非常にあり、私自身も、たいへん救いになっております。

アラン先生は、そうした意味で、対機説法《たいきせっぽう》の名手といいますか、次から次へと、たとえ話を繰《く》り出されますし、また、そこに、ユーモアやウイットというものを、すごく感じます。

「こういうふうになりたいものだなあ」と、いつも感じているのですけれども、そうした、面と向かった人の心を、クラッと変える「心の医者」になりたい人に対して、アドバイスを頂ければと思います。

アラン　まあ、これについては、フランスの伝統も入ってるけどね。フランス人は、ウイットに富んでない人っていうのを、あんまり尊敬しないので、ウイットは大事ですよねえ。

これは、日本人にちょっと乏《とぼ》しいものの一つなんですよ。特に、宗教団体なんかにおいては、乏しいところが多くて、まあ、「とんち話」みたいなものはあるのかもしれないけど、ウイットに富んだ言葉をしゃべると、一般《いっぱん》的には、不謹慎《ふきんしん》で叱《しか》られるので、そういうことは、思いついても言ってはならないのが普通《ふつう》ですよね。

これが、いろいろなところで……、例えば、あなた（B）なんかは、選挙活動のほうに関係があるのかと思いますけれども、そちらのほうで票が取れない理由にもなりかねない。

表情を変えずに黙《だま》って、お地蔵様《じぞう》のようにしていることが、内部的には好評だけども、外の人から見れば、「なんで、こんな堅物《かたぶつ》を応援《おうえん》しなきゃいけないのか」という気持ちになるわけで、そのへんの切り替《か》えが分からないですよねえ。

票を増やしたかったら、簡単なんですよ。党首がいるでしょう？　おたくの党首がね（収録当時）。党首がいるところ、いるところに、鏡を置いておくんですよ。鏡を置いて、「党首、一日何回も鏡を見て、笑う練習をしてください。笑いが足りないんです。もっと笑ってください。笑う練習をしてください。それだけで票が倍にはなりますから」と言うことです。

堅くなると、票は逃《に》げていくんですよねえ。そういうことがあります。

それは、あれでしょう？　今、旅客機《りょかくき》のなかでもやっていることですよね。あるいは、ホテルでもやっていることです。接客業っていうのは、みんな、そうですよ。お客様の評判を取って、支持を集めるところは、みんな、「いかに上手な笑顔をつくって、さわやかな言葉を使えるか」っていう接客の練習をやっておりますよね。

それを、ただただ、四角四面《しかくしめん》といいますか、堅物のように言ったり、ただただ戦闘《せんとう》的にのみ言葉を発したりするのであれば、そうは言っても、引けていく人は、やはり、多いでしょうね。

ですから、もうちょっと、「ウイットの精神」も持たなければいけないと思います。

それも、（演説を聴《き》く人は）通行人がほとんどであるならば、短時間で、ウイットを効かす訓練をしなければいけないですね。一時間聴いて、「よかった」なんて言う人は、なかにいる信者であって、外の人は、そんなことはありません。

外の人であれば、だいたい、勝負は三十秒以内に決まると見なきゃいけない。三十秒以上は聴いてくれない。「通行する時間は三十秒。立ち止まって聴いてくれて三分」っていうところでしょう。そこが勝負ですね。

政治家になるんだったら、短期で、三十秒以内に相手の心を捉《とら》えて、三分以内には、信奉者《しんぽう》に変えるようなところまで持ってくる訓練を積まなければいけないということになりますねえ。

つまり、長ったらしい理論的な話をするような人は、票を減らしていく傾向《けいこう》があるので、「学者の論文を書いているのとは違《ちが》うんだ」ということを知らなきゃいけないね。むしろ、「落語《らくご》」や「漫才《まんざい》」の勉強をしなければいけないのかもしれません。

あるいは、「テレビ」で視聴率《しちょうりつ》を取れる人の話し方とか、切り出し方とか、そういうものを見なきゃいけないかもしれないし、あなた（B）のような女性でしたら、女優さんの研究でもなされて、ワンシーンで、人々に印象を与《あた》える何かをつくり出すようなところが、あるいは、大事かもしれませんね。

このへんを、よく研究なされることが大事かと思います。ですから、お金を一円もかけなくとも、得票を二倍、三倍にすることは、私は可能だと思います。

一生懸命《いっしょうけんめい》になっているときほど客観視が大切な理由

アラン　すべてがね……、まあ、ある意味で、一生懸命《いっしょうけんめい》なんだけれども、ある意味で「自分中心」、もしくは、「自分たち中心」になっていることは事実なんですよ。

人は、一生懸命になればなるほど、そうなんです。でも、その原因が分からないんですよね。

「イライラしている原因は、立たされているからであって、椅子を出せば機《き》嫌《げん》がよくなる」という話もありましたが、しゃべっている内容が分からないことが原因の場合もありますからね（笑）。

そういうこともあるし、電車とか飛行機とか車とかであれば、イライラする原因のほとんどは、座席の窮屈《きゅうくつ》さとか、そういうことでもありましょう。あるいは、応対の悪さとかで起きることもあります。

だから、常に、「何か、見忘れているところがあるんじゃないか」という目で見ることが大事であろうと思います。すでにある既成《きせい》のものを、ただただ、まねしようとしても、うまくはいかないところがあるかもしれませんね。

まあ、私なんかは、そんなことを思いつきますから、ちょっと皮肉なところがあるのかもしれないけれども、うーん、一生懸命になればなるほど、人は見えなくなってくるところがあるので、「もうひとつ、違った角度から見てみたらどうか」、あるいは、「子供の視点から見て、素直《すなお》に言ってもらったらどうなのか」っていうようなことですよね。

例えば、一生懸命、〝金切《かなき》り声〟を上げて叫《さけ》んでいる女性（の候補者）について、子供に、「どうだい？」って訊《き》いてみると、「あのおばちゃん、怖《こわ》いよ」とかなんか言われたら……。

実は、それで、票が入らないんですけども、「本人は、一生懸命」というようなこともあるわけですよね。

そのへんを、よく客観視することが大事かもしれません。

ここ（幸福の科学）は、わりにインテリが多いらしいので、〝言葉〟が難しいんじゃないかと思うんですよ。要するに、生活感のある言葉が、十分使えてないんじゃないでしょうかね。選挙とかに関して言えばね。そのへんが難しいところだと思います。

やはり、インテリの方が考えた難しい内容や文章を、もう一段、何て言うか、一般の主婦レベルにしたり、あるいは、中高生あたりに読ませてみて、分かるか分からないかを見てもらい、「このへんは何を言ってるか分からない」というのであれば、そのへんを、もうちょっと改めたりする必要がある。さらに、具体的な比喩《ひゆ》で言ったほうがよく分かるのなら、そういうふうに言ったほうがいいと思いますねえ。

B――　ありがとうございます。ウイットに富んだ党にしてまいりたいと思います。

人生、「開き直り」が自分の幸福を増していく鍵《かぎ》

B――　先ほど、大川総裁からも、「三大幸福論」を書かれたヒルティ様とラッセル様のお話がありましたが、だいたい、五十代の後半ぐらいで『幸福論』を出版していることと、職業的な哲学者《てつがく》ではなく、別の仕事を持ちながら書かれたということもあり、幸福の科学の信者のみなさんや、在家《ざいけ》の人たちが、ある種、目標にできるのではないかと考えております。

自分の「幸福論」を、五十代の後半ぐらいで、世に問うかどうかは別としまして、「幸福な哲学をつくっていけるような人間になるためには、どういう心《こころ》掛《が》けで生きていけばよいのか」について教えていただければと思います。

アラン　まあ、あなた（B）であれば、女性特有のお悩《なや》みとかが、たくさんおありだろうと思うんですよね。

例えば、私のまねをして、「七十九歳《さい》で結婚《けっこん》する」っていう目標を立てる。そうすれば、それまでにやりたいことを、幾《いく》らでもやれますよね。

「七十九歳で結婚して、八十三歳で死ぬ」あたりを目標にすれば、それまでは、迷わずにやりたいことをやれますよ。

だけど、女性の大多数は、やっぱり、「家庭と職業」とか、そういうことで迷うことも多うございますし、「男性との違いを、何か出さないといけないんじゃないかな」と悩んだりすることもあります。あるいは、現代では、「恋愛《れんあい》」での悩みも、「幸福論」と非常に絡《から》んでいるかもしれませんね。

「結婚する」とか、「恋人がいる」とかいうことは別にしても、やっぱり、「異性から好かれるかどうか」みたいなのも、「幸福の要素」には、かなり入っているかもしれませんし、「葛藤《かっとう》をつくらずに、スムーズな関係をつくれるかどうか」っていうようなこともあるかもしれませんねえ。

まあ、そうだね。うーん、それは、「楽観的だ」という言い方もあるんだけども、逆に言えば、やっぱり、人生、「開き直り」じゃないですかねえ。ある意味で、開き直りだと思うんですよ。変わらないものは変わらないですからね。「変わらないものは変わらない」と見て……、やはり、河原《かわら》の石ころはダイヤモンドにはならないんですよ。それは、しかたがない。ダイヤモンドは、磨《みが》けば光る。河原の石ころは、磨けば光沢《こうたく》のある石になる。まあ、それだけの違いですわねえ。

それに値打ちを幾らとつけるかは、世間様《せけん》のご判断でありましてね。河原の石を磨いて、床の間《とこのま》に飾《かざ》って喜んでいる人もいれば、それでは満足できない人もいる。この違いは、それぞれでしょう。

河原の石を磨いて、飾って喜んでいる方は、「泥棒《どろぼう》に盗《と》られても、全然惜《お》しくないから、安心だ」と考えているかもしれない。

河原の石を磨いて、ピカピカに光らせ、これが、「きれいだ」と思って玄関《げんかん》に飾り、毎日、機嫌よくいられる人もいれば、こんな大きなダイヤモンドや水晶があったりして、「もし、盗られたら、どうしようか」と、不安でいっぱいの方もいるかもしれない。お金持ちには、お金持ちの心配がありますしね。

このように、それぞれの人に、特有の「悩み」とか、「心配」とか、「他の人から、どういうふうに思われるか」とか、いろいろなものがあるんだろうと思いますが、まだ、人が食べられないときに、サンマを焼いて食べられる楽しみだって、世の中にはあるわけですし、「土用《どよう》の丑《うし》の日以外に、冬の旬《しゅん》のときにウナギが食べられることを知っている」という〝通《つう》〟を誇《ほこ》ることだって、幸福の一つでもあるわけですからね。

したがって、「変えられないものは、変えられない」として認識を変えることによって、自分の幸福感を増していくことは可能なんじゃないかなあと思います。

あなた（B）なんかは、どちらかというと、一途《いちず》なタイプの方なんであろうからして、猪突猛進型《ちょとつもうしん》で自己実現するのがお好きな方でしょうね。

人間でなければ、スペインの闘牛場で出場して、見事、闘牛士を角《つの》で突《つ》き刺《さ》すことができたら幸福でしょうね（会場笑）。（両手で布を持ち、左右に振《ふ》るしぐさをしながら）こうやって、赤い布で、ヒラヒラとかわされているうちは不幸ですけど、かわし切れずに、(両人差し指を頭の両側から突き出すしぐさをしながら)見事、グサッと角で刺して闘牛士を倒《たお》し、上にのしかかったら、あなたは、たぶん幸福でしょうね。もし、牛として生まれた場合の話ですけどもね。

そういうこともあろうと思いますが、まあ、人の幸福観は、いろいろあるだろうと思いますねえ。

「手に入れる幸福」と「捨てる幸福」の両方を知ることの大切さ

アラン　妄想《もうそう》としては、遠大《えんだい》な幸福も一つあってもいいのかもしれませんが、具体的には、手近なところの、手に入るあたりのところの幸福を、一つひとつ手に入れていき、それが、手に持ち切れないぐらいになってきたら、ガラクタというか、もう古くなったもの、要《い》らなくなったものを捨てていって……。まあ、ある意味では、身軽になることも幸福ですからね。

要するに、古い執着《しゅうちゃく》を捨てることも幸福で、今、新しく手に入れたいものを手に入れることも幸福。「捨てる幸福」と、それから、「手に入れる幸福」の両方を知ってなきゃいけないと思うね。

たいていの人は、捨てる幸福のほうが、なかなか分からないでいるんですよね。捨てられることも幸福なんですよ。

例えば、容姿端麗《ようしたんれい》な女性で、多くの男性から好かれる人もいますけども、こういう人たちは、「職業に生きたい」と思ったって、男性が言うことをきいてくださらないことがある。「どうしても職業で自己実現したい」と思っていても、容姿端麗に生まれついたために、男性が放っといてくれないことだってあります。うるさくてしかたがない。ねえ。

そういう場合には、やっぱり、「男性を捨てられる幸福」もあるんですよね。ポイッと捨てられる。「ああ、私にはやりたいことがあるので、時間の無《む》駄《だ》ですから、ほかの方にアタックされたほうがよろしいですよ」というように、「捨てる幸福も、世の中にはあるんだ」と知っておいたほうがいいですね。

執着の時間が長いと損をしますし、不幸になることもあります。このへんを簡単に割り切ることができれば、楽になることもあるかもしれませんね。

だから、「捨てる幸福」と「得る幸福」、両方、ちゃんと知っていたらいいですね。

4 アランの「現在」と「過去」

「三大幸福論」の著者であるヒルティやラッセルとの関係

B――　アラン先生は、ラッセル様であるとか、ヒルティ様であるとか、こうした、「幸福論」を説かれた方々と、天上界《てんじょうかい》でいつも何かお話をなさったりされますか。

アラン　厳しい〝追及《ついきゅう》〟が……（笑）。うーん、本の売れ行きに影響《えいきょう》が出るから、それについて答えると、幸福でなくなる可能性があるんですけども、どうなんでしょうかねえ。

まあ、ヒルティさんとかは宗教的だから、おそらく、その分、神様に近いんじゃないですかね。

私は、そこまで行ってないと思うし、ラッセルさんも哲学者《てつがく》で、こちらはプロに近い……、まあ、プロと言ってもいいのかもしれないけれども、どちらかというと、数学者でもありますからね。私よりも、数学的思考ができる方であろうから……、うーん、どうですかね。ラッセルの『幸福論』と私のとを読み比べれば、私のほうが、やや生活色のある人に分かる幸福を説いてるんじゃないでしょうかね。

実は、ラッセルの『幸福論』はね、読まないのがいちばん幸福なんですよ（会場笑）。

彼は、頭がよすぎるので、ああいう人の「幸福論」は、本気で読むと時間がかかって実に苦しいから、不幸になっていく可能性が高いですが、しょせん、数学者ですからね。数学者の頭で書かれたら、たまったもんではないし、数学者の説く「幸福論」なんて、よっぽど暇《ひま》でなければ、読めるもんじゃありませんよ。頭が緻密《ちみつ》ですもんね。緻密で、論理的でねえ、普通《ふつう》の人の頭脳では、噛《か》み砕《くだ》けないところまでいっちゃいますよね。いろいろなところまで行き届いてきますし、透視《とうし》するような目で見ていくのでね。

だから、世の中には、「ラッセルの『幸福論』を読まない幸福」っていうのも存在するわけです。

一方、私のような者の『幸福論』であれば、（机上《きじょう》の『幸福論』をめくりながら）パラパラですので、はっきり言うと、どこを読んだって一緒《いっしょ》ですよ。

好きなところだけ読んで、あとは読まなくたって構わないわけです。「最後まで読まなければ完成しない『幸福論』」じゃないので、エピソードを一つ知っているだけでも、別に構わないといえば構わない。二つ知っても構わないですけども、体系家が書いた『幸福論』というのは、気をつけないと、やっぱり、間違《まちが》いを犯《おか》すことがあるので、〝要注意〟ではあると思いますよね。

だから、ラッセルの『西洋哲学史』なんかを一生懸命《いっしょうけんめい》読んでいる人は、本当に、私なんかには、気の毒に思えてしかたがありませんけどね。読んでも、哲学が分かるようにはならないでしょうから。

哲学というのは、基本的には、「人間学」です。人間学が分からなければ、実は、いくら分析《ぶんせき》しても、本当に分かるようにはならないんですよねえ。最終的に、「人間が、どう生きるか」につながってなければいけないんです。

もちろん、ラッセルさん自身だって、平和運動だとか、いろいろなことをやられたりして、人間の生き方に関係したこともなされているでしょうから、悪く言うわけじゃございませんがね。

要するに、〝偉《えら》い順〟で言えば、今、言ったとおりで、ヒルティ、アラン、ラッセルの順になってます。はい（笑）。

B――　失礼いたしました。

アランが語る「軍人的生き方」「愛国の精神」とは

B――　アラン先生は、第一次世界大戦のころ、世相《せそう》が暗いなかで生きておられましたが、ご自分で志願して、四十六歳《さい》のときに、従軍《じゅうぐん》されたと聞いています。
「公的幸福」については、どのようにお考えだったのでしょうか。

アラン　まあ、「そういうものからは、逃《に》げるのが幸福だ」っていう考えもあろうとは思うんですけども、うーん、私も、デカルトに心酔《しんすい》してたもんだからね。
デカルトは、「非常に、〝チャランポラン〟なタイプだ」と思われがちであるけれども、彼も志願して、軍役《ぐんえき》に就《つ》いてるんです。彼は、霊夢《れいむ》を見るようなタイプの方であるけれども、軍役にも就いておられるので、そういう「義務を果たすことの大切さ」は、しっかり感じておられた方ですよ。

だから、私も、もし、デカルトを読んでなければ、従軍はしなかったかもしれないと思いますけどもね。

それに、ヒルティさんも、軍人の経験がおありでしょう?

最初は弁護士だったけども、次は陸軍に入られて、軍のなかで裁判等をやりながら、従軍されておられた。ヒルティさんは、「軍人は、非常に立派なんだ」っていうようなことを言っておられるし、「救世軍の悪口を言う人がいたら、私は許せない」みたいなことも言っておられますけれども……。

やっぱり、軍人的な生き方、軍隊的な生き方のなかには、非常に、何て言いますかねえ、うーん……。確かに、人間として、ある意味での、まあ、神様とは違う意味ではあるんだけども、「規範《きはん》」といいますかねえ、「手本」といいますかねえ、「あるべき姿を目指そうとする心構え」があると思うんですよ。

まあ、一方の極《きょく》には、「自由」もあって、「それぞれが好きなようにやったらいい」っていう考えもあります。

ただ、そういうかたちの自由を与《あた》えたら、軍隊では仕事にならないのも事実ですね。

「敵が来たら、適当に相手をして戦っておくように」なんていうような軍隊で、強い軍隊がありえるはずがありません。強い軍隊は、「敵と戦うときには、こういうふうにして戦う」みたいなことを、訓練に訓練を重ねてやるようになりますよね。そのなかには、やっぱり、「自分をつくっていく」という部分もあります。

さらに、「愛国の精神」のなかにも……、まあ、「目に見えない世界の神を愛する」とか、「神の世界を愛する」とか、そういうようなことは分からないかもしれないけれども、少なくとも、「同胞《どうほう》を愛する心」、あるいは、「国を愛する心」「自分の家族や仲間たちを愛する心」は、一人の人間が、自分自身を愛する枠《わく》を超《こ》えて、もう一段、公的なものだと思うんですね。

これは、象徴《しょうちょう》的なかたちであるけれども、「人間が、社会的存在として生きていくためには、何らかの義務を負わなければいけないのだ」ということを、実によく表していると思います。

「宗教の伝道師」と「自衛隊員」が似ている点とは

アラン　先ほど、「面白《おもしろ》くなければ票が取れませんよ」っていう言い方もしましたけども、軍隊と宗教とは、非常によく似たところがあって、世界最大の組織ができるのは、「宗教」と「軍隊」なんですよね。

あるいは、軍隊を超えるものがあるとしたら、宗教しかないんです。軍隊より大きな集団をつくれるのは宗教だけで、宗教にしか可能性はありません。それほど多くの人たちが、それぞれに自由意志を持ちながら、一定の団体に所属して、なおかつ、団体を壊《こわ》さないで維持《いじ》するためには、やっぱり、一定の規律が必要です。ただ、その規律を与えるのに、罰則《ばっそく》的なものだけで与えるとするならば、士気《しき》は著《いちじる》しく落ちてまいりますので、やっぱり、「より高次なもののために尽《つ》くす」というか、そうした、「公的な義務」「公的な精神」を持たせることが大事でしょうね。

まあ、「公的な神の使命を果たそうとしている」、あるいは、「ユートピア実現のために戦おうとしている」という点で、宗教は、ある意味で、違ったかたちでの軍隊と同じかもしれませんけどね。

そういう、共通の目標、目的を持ちながら、そのなかで、それぞれが自由を与えられるならば、「創意工夫《くふう》して、最大限に自己発揮しなさい」という意味での自由を与えることができると思いますね。

意外に、軍隊には、教えられることが多いと思いますよ。

例えば、今回、日本で（東日本）大震災《だいしんさい》があって、自衛隊が活躍《かつやく》されたと聞いておりますけれども、自衛隊のなかにいる人は、意外に、宗教の精神がよく分かるんじゃないかと思います。

彼らは、自分の命や安全を守ること、あるいは、自分の家族を守ることを捨ててでも、見知らぬ他人を救出するために出動していくでしょう?　夜も寝《ね》ずに出動していく。放射能の危険をものともしないで行く。実は、これには、非常に、「宗教の伝道師」の精神に似ているものがあるんですよ。

だから、たぶん、共鳴するものがあると思います。そのへんはね、大事にしなければいけないところです。

結局、日本で、宗教が弱くなっているのと、軍隊的思考が弱くなっているのとには、おそらく、同じものがあると思いますね。弱い意味での個人主義になってるんじゃないでしょうか。

B――　ありがとうございました。

「デカルトとの関係」と「アランの過去世《かこぜ》」

B―― 最後に、先ほどから、デカルト様との関連について、お話をされておられますけれども、どのようなご関係なのでしょうか。思想の系譜《けいふ》、あるいは、転生《てんしょう》のご縁《えん》をお教えください。

また、先ほどから、お話が非常に仏教的といいますか、禅《ぜん》的といいますか、一転語《いってんご》のような、そういうものも感じます。アラン先生の魂《たましい》のルーツなどを、差し支えない範囲で、お教えいただければと思います。

アラン 個人的には、（デカルトを）哲学者として尊敬していたことは事実でありです。あれだけ霊的でありながら、科学的精神を持っていた方も珍《めずら》しいとは思うので、そういう意味では、「近代哲学の祖」と言われるだけのことはあったと思いますね。

そういう意味で、個人的には尊敬はしておりましたが、「魂的に関連があるかどうか」で言えば、ないわけではないかな。

また、今、あなたが鋭《するど》くも、「禅のほうと関係があるんじゃないか」とおっしゃいましたが、確かに、仏教の禅宗にも関係したことがないわけではありません。

もっと言えば、「キリスト教」と「仏教」と、両方にわたって宗教修行《しゅぎょう》をしたこともございますし、昔の「哲学者」として出たこともございます。そういう意味では、思想家ではありましたのでね。

まあ、「デカルトと私とは、どうか」ということですが、それは、デカルトのほうが偉いでしょうね。たぶん、ずっと偉いので、どちらかといえば、あれは指導霊《しどうれい》のほうだったんじゃないでしょうか。生前、いろいろと仕事をするに当たって、ご指導を受けていたのではないかと感じますがね。

B―― ありがとうございました。

A―― アラン先生、本日は、本当に素晴《すば》らしい「幸福論」をお聴《き》かせくださいまして、ありがとうございます。

幸福の科学大学の内容充実《じゅうじつ》ということで、活用させていただきます。

本日は、本当にありがとうございました。

アラン　まあ、〝頑張《がんば》らず〟に、頑張ってください。

A――　はい（笑）（会場笑）。ありがとうございます。

アラン　はい。

大川隆法　（合掌《がっしょう》、拝礼《はいれい》し）ありがとうございました。

（Aに）以上でございますが、お役に立ちますでしょうか。ないよりはまし

かな……（笑）。

A――「新たな視点」を頂きまして、本当に、ありがとうございます。

大川隆法　ああ、そうですか。

そうですね。「新たな視点」かもしれませんね。

では、以上としましょう。

『アランの語る幸福論』大川隆法著作関連書籍

『悟りの原理』（幸福の科学出版刊）

『エクソシスト概論』（同右）

アランの語《かた》る幸福論《こうふくろん》

2014年 8 月22日　初版第 1 刷

著　者　　大《おお》 川《かわ》 隆《りゅう》 法《ほう》

発行所　　幸福の科学出版株式会社

〒107-0052 東京都港区赤坂 2 丁目 10 番 14 号
TEL(03)5573-7700
http://www.irhpress.co.jp/

印刷・製本　株式会社 サンニチ印刷

落丁・乱丁本はおとりかえいたします

ISBN978-4-86395-521-9 C0030
写真：ROGER_VIOLLET

大川隆法ベストセラーズ・「幸福の科学大学」が目指すもの

新しき大学の理念

「幸福の科学大学」がめざす
ニュー・フロンティア

2015年、開学予定の「幸福の科学大学」。日本の大学教育に新風を吹き込む「新時代の教育理念」とは? 創立者・大川隆法が、そのビジョンを語る。

1,400円

「経営成功学」とは何か

百戦百勝の新しい経営学

経営者を育てない日本の経営学!? アメリカをダメにしたMBA——!? 幸福の科学大学の「経営成功学」に託された経営哲学のニュー・フロンティアとは。

1,500円

「人間幸福学」とは何か

人類の幸福を探究する新学問

「人間の幸福」という観点から、あらゆる学問を再検証し、再構築する——。数千年の未来に向けて開かれていく学問の源流がここにある。

1,500円

「未来産業学」とは何か

未来文明の源流を創造する

新しい産業への挑戦——「ありえない」を、「ありうる」に変える! 未来文明の源流となる分野を研究し、人類の進化とユートピア建設を目指す。

1,500円

※表示価格は本体価格(税別)です。

大川隆法 ベストセラーズ・「幸福の科学大学」が目指すもの

宗教学から観た「幸福の科学」学・入門

立宗 27 年目の未来型宗教を分析する

幸福の科学とは、どんな宗教なのか。教義や活動の特徴とは？ 他の宗教との違いとは？ 総裁自らが、宗教学の見地から「幸福の科学」を分析する。

1,500 円

仏教学から観た「幸福の科学」分析

東大名誉教授・中村元と仏教学者・渡辺照宏のパースペクティブ（視覚）から

仏教は「無霊魂説」ではない！ 仏教学の権威 中村元氏の死後 14 年目の衝撃の真実と、渡辺照宏氏の天上界からのメッセージを収録。

1,500 円

幸福の科学の基本教義とは何か

真理と信仰をめぐる幸福論

進化し続ける幸福の科学──本当の幸福とは何か。永遠の真理とは？ 信仰とは何なのか？ 総裁自らが説き明かす未来型宗教を知るためのヒント。

1,500 円

比較宗教学から観た「幸福の科学」学・入門

性のタブーと結婚・出家制度

同性婚、代理出産、クローンなど、人類の新しい課題への答えとは？ 未来志向の「正しさ」を求めて、比較宗教学の視点から、仏陀の真意を検証する。

1,500 円

Noblesse《ノーブレス》 Oblige《オブリージ》

「高貴なる義務」を果たす、
「真のエリート」を目指せ。

幸福の科学学園
中学校・高等学校（那須本校）

Happy Science Academy Junior and Senior High School

私は、
教育が人間を創ると
信じている一人である。
若い人たちに、
夢とロマンと、精進、
勇気の大切さを伝えたい。
この国を、全世界を、
ユートピアに変えていく力を
出してもらいたいのだ。

（幸福の科学学園 創立記念碑より）

幸福の科学学園 創立者
大川隆法

幸福の科学学園（那須本校）は、幸福の科学の教育理念のもとにつくられた、男女共学、全寮制の中学校・高等学校です。自由闊達な校風のもと、「高度な知性」と「徳育」を融合させ、社会に貢献するリーダーの養成を目指しており、2014年4月には開校四周年を迎えました。

幸福の科学学園・教育の特色

「徳ある英才」の創造

教科「宗教」で真理を学び、行事や部活動、寮を含めた学校生活全体で実修して、ノーブレス・オブリージ(高貴なる義務)を果たす「徳ある英才」を育てていきます。

体育祭

天分を伸ばす「創造性教育」

教科「探究創造」で、偉人学習に力を入れると共に、日本文化や国際コミュニケーションなどの教養教育を施すことで、各自が自分の使命・理想像を発見できるよう導きます。さらに高大連携教育で、知識のみならず、知識の応用能力も磨き、企業家精神も養成します。芸術面にも力を入れます。

探究創造科発表会

一人ひとりの進度に合わせた「きめ細やかな進学指導」

熱意溢れる上質の授業をベースに、一人ひとりの強みと弱みを分析して対策を立てます。強みを伸ばす「特別講習」や、弱点を分かるところまでさかのぼって克服する「補講」や「個別指導」で、第一志望に合格する進学指導を実現します。

授業の様子

自立心と友情を育てる「寮制」

寮は、真なる自立を促し、信じ合える仲間をつくる場です。親元を離れ、団体生活を送ることで、縦・横の関係を学び、力強い自立心と友情、社会性を養います。

毎朝夕のお祈りの時間

幸福の科学学園の進学指導

1 英数先行型授業

受験に大切な英語と数学を特に重視。「わかる」（解法理解）まで教え、「できる」（解法応用）、「点がとれる」（スピード訓練）まで繰り返し演習しながら、高校三年間の内容を高校二年までにマスター。高校二年からの文理別科目も余裕で仕上げられる効率的学習設計です。

2 習熟度別授業

英語・数学は、中学一年から習熟度別クラス編成による授業を実施。生徒のレベルに応じてきめ細やかに指導します。各教科ごとに作成された学習計画と、合格までのロードマップに基づいて、大学受験に向けた学力強化を図ります。

3 基礎力強化の補講と個別指導

基礎レベルの強化が必要な生徒には、放課後や夕食後の時間に、英数中心の補講を実施。特に数学においては、授業の中で行われる確認テストで合格に満たない場合は、できるまで徹底した補講を行います。さらに、カフェテリアなどでの質疑対応の形で個別指導も行います。

4 特別講習

夏期・冬期の休業中には、中学一年から高校二年まで、特別講習を実施。中学生は国・数・英の三教科を中心に、高校一年からは五教科でそれぞれ実力別に分けた講座を開講し、実力養成を図ります。高校二年からは、春期講習会も実施し、大学受験に向けて、より強化します。

5 幸福の科学大学（仮称・設置認可申請中）への進学

二〇一五年四月開学予定の幸福の科学大学への進学を目指す生徒を対象に、推薦制度を設ける予定です。留学用英語や専門基礎の先取りなど、社会で役立つ学問の基礎を指導します。

授業の様子

詳しい内容、パンフレット、募集要項のお申し込みは下記まで。

幸福の科学学園 関西中学校・高等学校

〒520-0248
滋賀県大津市仰木の里東2-16-1
TEL.077-573-7774
FAX.077-573-7775
［公式サイト］
www.kansai.happy-science.ac.jp
［お問い合わせ］
info-kansai@happy-science.ac.jp

幸福の科学学園 中学校・高等学校

〒329-3434
栃木県那須郡那須町梁瀬 487-1
TEL.0287-75-7777
FAX.0287-75-7779
［公式サイト］
www.happy-science.ac.jp
［お問い合わせ］
info-js@happy-science.ac.jp

仏法真理塾

サクセスNo.1

未来の菩薩を育て、仏国土ユートピアを目指す！

仏法真理塾「サクセスNo.1」とは

宗教法人幸福の科学による信仰教育の機関です。信仰教育・徳育にウエイトを置きつつ、将来、社会人として活躍するための学力養成にも力を注いでいます。

サクセスNo.1 東京本校（戸越精舎内）

「サクセスNo.1」のねらいには、「仏法真理と子どもの教育面での成長とを一体化させる」ということが根本にあるのです。

大川隆法総裁　御法話「『サクセスNo.1』の精神」より

仏法真理塾「サクセスNo.1」の教育について

信仰教育が育む健全な心

御法話拝聴や祈願、経典の学習会などを通して、仏の子としての「正しい心」を学びます。

学業修行で学力を伸ばす

忍耐力や集中力、克己心を磨き、努力によって道を拓く喜びを体得します。

法友との交流で友情を築く

塾生同士の交流も活発です。お互いに信仰の価値観を共有するなかで、深い友情が育まれます。

●サクセスNo.1は全国に、本校・拠点・支部校を展開しています。

東京本校	TEL.03-5750-0747	FAX.03-5750-0737
名古屋本校	TEL.052-930-6389	FAX.052-930-6390
大阪本校	TEL.06-6271-7787	FAX.06-6271-7831
京滋本校	TEL.075-694-1777	FAX.075-661-8864
神戸本校	TEL.078-381-6227	FAX.078-381-6228
西東京本校	TEL.042-643-0722	FAX.042-643-0723
札幌本校	TEL.011-768-7734	FAX.011-768-7738
福岡本校	TEL.092-732-7200	FAX.092-732-7110
宇都宮本校	TEL.028-611-4780	FAX.028-611-4781
高松本校	TEL.087-811-2775	FAX.087-821-9177
沖縄本校	TEL.098-917-0472	FAX.098-917-0473
広島拠点	TEL.090-4913-7771	FAX.082-533-7733
岡山本校	TEL.086-207-2070	FAX.086-207-2033
北陸拠点	TEL.080-3460-3754	FAX.076-464-1341
大宮拠点	TEL.048-778-9047	FAX.048-778-9047

全国支部校のお問い合わせは、
サクセスNo.1 東京本校(TEL. 03-5750-0747)まで。
メール info@success.irh.jp

エンゼルプランV

信仰教育をベースに、知育や創造活動も行っています。

信仰に基づいて、幼児の心を豊かに育む情操教育を行っています。また、知育や創造活動を通して、ひとりひとりの子どもの個性を大切に伸ばします。お母さんたちの心の交流の場ともなっています。

ネバー・マインド

不登校の子どもたちを支援するスクール。

「ネバー・マインド」とは、幸福の科学グループの不登校児支援スクールです。「信仰教育」と「学業支援」「体力増強」を柱に、合宿をはじめとするさまざまなプログラムで、再登校へのチャレンジと、進路先の受験対策指導、生活リズムの改善、心の通う仲間づくりを応援します。

ユー・アー・エンゼル!(あなたは天使!)運動

障害児の不安や悩みに取り組み、ご両親を励まし、勇気づける、障害児支援のボランティア運動です。学生や経験豊富なボランティアを中心に、全国各地で、障害児向けの信仰教育を行っています。保護者向けには、交流会や、医療者・特別支援教育者による勉強会、メール相談を行っています。

TEL 03-5750-1741　FAX 03-5750-0734
メール you-are-angel@happy-science.org

シニア・プラン21

生涯反省で人生を再生・新生し、希望に満ちた生涯現役人生を生きる仏法真理道場です。週1回、開催される研修には、年齢を問わず、多くの方が参加しています。現在、全国8カ所（東京、名古屋、大阪、福岡、新潟、仙台、札幌、千葉）で開校中です。

東京校 TEL 03-6384-0778　FAX 03-6384-0779
メール senior-plan@kofuku-no-kagaku.or.jp

入会のご案内

あなたも、幸福の科学に集い、ほんとうの幸福を見つけてみませんか？

幸福の科学では、大川隆法総裁が説く仏法真理をもとに、「どうすれば幸福になれるのか、また、他の人を幸福にできるのか」を学び、実践しています。

入会

大川隆法総裁の教えを信じ、学ぼうとする方なら、どなたでも入会できます。入会された方には、『入会版「正心法語」』が授与されます。（入会の奉納は1,000円目安です）

ネットでも**入会**できます。詳しくは、下記URLへ。
happy-science.jp/joinus

三帰《さんき》誓願《せいがん》

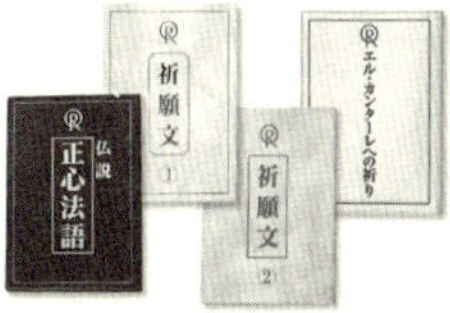

仏弟子としてさらに信仰を深めたい方は、仏・法・僧の三宝への帰依を誓う「三帰誓願式」を受けることができます。三帰誓願者には、『仏説・正心法語』『祈願文①』『祈願文②』『エル・カンターレへの祈り』が授与されます。

植福《しょくふく》の会

植福は、ユートピア建設のために、自分の富を差し出す尊い布施の行為です。布施の機会として、毎月1口1,000円からお申込みいただける、「植福の会」がございます。

「植福の会」に参加された方のうちご希望の方には、幸福の科学の小冊子（毎月1回）をお送りいたします。詳しくは、下記の電話番号までお問い合わせください。

月刊「幸福の科学」

ザ・伝道

ヤング・ブッダ

ヘルメス・エンゼルズ

INFORMATION	**幸福の科学サービスセンター** **TEL. 03-5793-1727**（受付時間 火～金：10～20時／土・日：10～18時） 宗教法人 幸福の科学 公式サイト **happy-science.jp**